Das kleine Buch vom Stern

Thomas Laubach
mit Bildern von Wassily Kandinsky

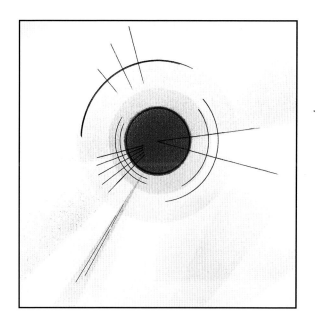

D1669951

Impressum

Thomas Laubach / Wassily Kandinsky
Das kleine Buch vom Stern

1. Auflage 2019

© tvd-Verlag Düsseldorf
Postfach 32 11 11, 40426 Düsseldorf
www.tvd-verlag.de

Druck: project m/c GmbH, Lünen

Bestell-Nr. tvd 21940.1
ISBN 978-3-946503-29-1

Der Stern geht auf

Ein Stern darf auf keinem Christbaum, an keiner Krippe fehlen. Schon im dritten Jahrhundert ist sich der Theologe Origenes sicher: Es war ein Komet. Astronomen finden allerdings keine Belege dafür. Und: In der Antike gelten Kometen als Boten des Unheils. Nicht gerade die passende Beleuchtung also für eine weihnachtliche Geburt. Bleiben als mögliche Erklärungen: Eine Supernova, eine Sternexplosion, oder das scheinbare Zusammentreffen von Jupiter, Saturn oder Venus am Himmel.

All diese Erklärungen verkennen: Die Geschichte vom Weihnachtsstern wird nicht in naturwissenschaftlicher Absicht verfasst. Sie erzählt vielmehr von der Geburt einer neuen Weltordnung. Weihnachten stellt alles auf den Kopf und in den Schatten. Denn die Herrschenden und Theologen der Zeit wissen zwar, dass „ein Stern" (Num 24,17) aufgeht über dem neuen Messias. Aber sie regieren, kleben an der Macht, hängen an ihren Büchern und Riten. Für den Stern ist da kein Platz. So sind es die Ausländer, Heiden, Menschen mit fremder Sprache und Kultur, die den merkwürdigen Himmelskörper entdecken. Die aufbrechen, sich anstecken lassen vom Licht. Die das Kind finden. Die das Leben entdecken.

Der Stern ist so das Symbol für die weihnachtliche Revolution: Dass alles anders als gedacht ist. Dass ein neuer Anfang gesetzt werden kann. Dass der Himmel noch etwas bereithält. Und weil er ein Teil des Himmels ist, kann dieser Stern überall aufgehen. Man muss nur offen für ihn sein.

Auch die Bilder von Wassily Kandinsky leuchten. Und erzählen in Farbe von den Tagen und Nächten, in denen ein Stern aufgehen kann. Mein Stern, dein Stern, Gottes Stern.

Thomas Laubach

Mein Stern
Ein Psalm

Ein Stern ist mir aufgegangen
zwischen Disteln und Dornen
Licht aus unendlicher Entfernung
das doch tatsächlich mich trifft
mir leuchtet
auf meinem Weg

Es ist mein Stern

ein Stern
der ein Herz hat für mich
ein Stern
der ein gutes Wort für mich einlegt
ein Stern
der mich im Auge hat

Der Stern steht über allem
leuchtet mein Dunkel aus
stellt es ins Helle
lässt mich leuchten
lässt mich strahlen
auf meinem Weg

Richtungswechsel

Um den Stern zu entdecken
der in westlicher Richtung steht
muss man aus dem Osten kommen
die Richtung wechseln

Den Stern entdecken
Magier
Wissenschaftler
Astronomen
Sterndeuter
Menschen also
die mit den Sternen vertraut sind

Ihre Wissenschaft führt sie zum Kind
Sie fallen auf die Knie
und beten dieses Kind an
Sie glauben
an Gott in diesem Kind

Zu den Sternen sehen und auf die Knie fallen

Wissenschaft und Anbetung
sind bei den Weisen aus dem Morgenland
wie selbstverständlich verbunden

Ein Richtungswechsel

Nicht Glaube oder Vernunft
nicht Gott oder Wissenschaft

Wer auf die Vernunft vertraut
wer auf das Wissen setzt
der kann bei Gott ankommen

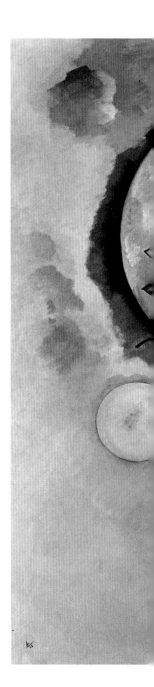

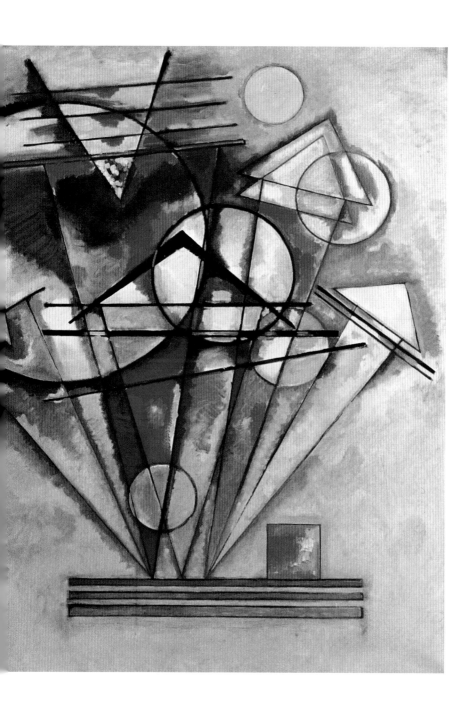

Unglaubliche Behauptung

Gegen alle Argumente
gegen jede Logik

geht ein Stern auf
der mehr als nur eine Richtung zeigt

Zwischen allen Zeilen
zwischen den Zeiten

rinnt Gott ins Leben
in einem Strom aus Licht

Für dich   Für mich   Für Uns

In dieser Nacht

in dieser nacht
in der der friede
feuer fängt

in dieser nacht
in der ein licht
die schritte lenkt

gehen uns
die augen über

gehen uns
die ohren auf

ein kind
in dieser nacht

Gottes Stern

gottes stern
geht auf
in einem kind

endlich

endlich
kommt die nacht
ans licht

und wie engel
singen wir

fürchte dich nicht

Wir Sterndeuter

Sie sehen zum Himmel
Und denken nach

Sie deuten die Sterne
Und vertrauen sich

Sie brechen auf
Und lassen nicht locker

Sie nehmen Umwege in Kauf
Und finden das Unerwartete

Sie öffnen ihr Herz
Und werden verwandelt

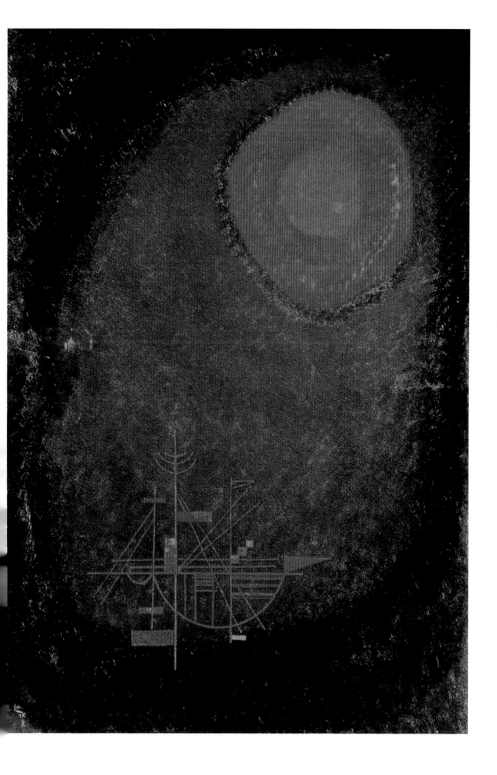

Gott macht sich auf

Gott macht sich auf
von der Mitte
an den Rand

kommt herunter
in jede Flucht
in alles Elend

Gott verlässt den Himmel
und landet im Elend
im Ausland

die Erde
wird Gottes Asyl

Ob hier Heimat zu finden ist
steht auf einem anderen Blatt

Einem Stern folgen

Dem Fremden vertrauen
Über den Tellerrand hinaussehen
Den Horizont verschieben
mit jedem Schritt

Nicht der eigenen Nase nach
Nicht dem eigenen Kopf
Geleit geben
Nicht nur auf das Herz hören

Sondern

Dem funkelnden Anderen
strahlend
das eigene Leben anbieten

Damals

Damals war es noch leicht
an dich zu glauben
Gott

Damals
als Weihnachten kindheitsleicht war
als Tannenzweige bedeutungsschwer
von kommenden Tagen erzählten
als Krippenfiguren
das Laufen lernten
als Geschenke über Nacht
vom Himmel fielen

Heute fällt es schwer
den alten Geschichten
Sinn abzuringen
Ein Heer von Engeln
drei Magier
ein Krippenkind
Der Kinderglaube
ein alter Schuh
der schon längst nicht mehr passt

Aber manchmal
an heißen Sommertagen
wenn ich in den Himmel sehe
über Milchstraßen laufen kann
den Fixsternen
mein unstetes Herz anbiete
dann kommt es mir vor
als würden auch heute noch
die Sterne leuchten
mich auf ihren Weg locken
zu einem Kind
das zur Welt kommt
das mich hoffen lässt
dass ich nicht alleine bin

Der Stallgeruch Gottes

Ein Bretterverschlag
ein Hausen außer Haus
ein Ausharren im Ungewissen

keinen Platz außer dem Draußen
keinen Ort außer dem Rand

so fängt es an
dieses ungewaschene Leben
dieses unfrisierte Hoffen
dieses abseitige Glück
jenseits der Paläste
und der beheizten Wohnzimmer

Das ist der
Stallgeruch
Gottes

Auf den grünen Zweig

Ein Licht ist uns erschienen
Ein Stern macht alles hell
Wir tappen nicht im Dunklen
Die Angst ist schon zerschellt
   Wir kommen
    auf den grünen Zweig

Uns ist ein Kind geboren
Gott kommt in tiefster Nacht
Das Gute kommt von unten
und allen ist gesagt
   Wir kommen
    auf den grünen Zweig

Der Friede wird uns blühen
Er wächst auf und gedeiht
Gott geht für uns durchs Feuer
und lässt uns Menschen sein
   Wir kommen
    auf den grünen Zweig

Wir werden neu geboren
weil uns das Leben ruft
Gott bettet uns auf Rosen
und Liebe liegt in der Luft
   Wir kommen
    auf den grünen Zweig

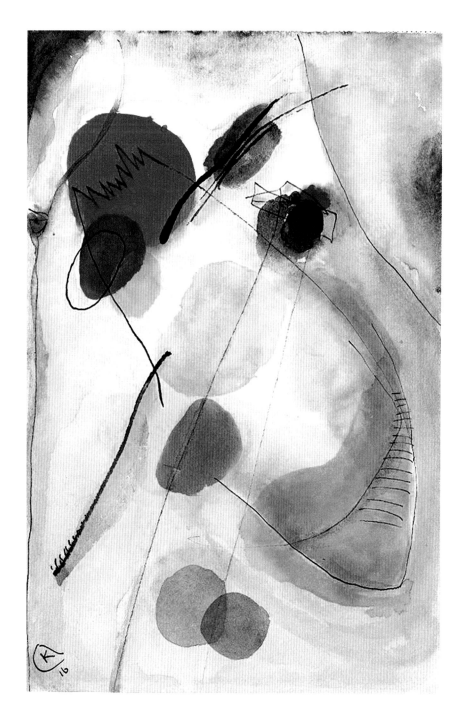

Wegen eines Kindes
nach Andreas Knapp

Hirten haben Nachtbereitschaft
operieren mit Hoffnung
Ihr offenes Herz
füllt sich mit Leben
das durch die Adern pulsiert
wegen eines Kindes

Engel geben Flugstunden
für ein Leben ohne Höhenangst
Aufwind ist ihre Botschaft
Sie lassen weit sehen
bis über den Horizont
in einem Kind

Eine einfache Frau
traut dem geflügelten Wort
Sie wagt ein Abenteuer
lässt sich darauf ein
und wird empfänglich
für ein Kind

Ein ganz normaler Mann
wirft seine Pläne über den Haufen
setzt alles auf einen Stern
der kaum greifbar ist
und gewinnt Vertrauen
durch ein Kind

Dunkle Zeiten

Das waren damals dunkle Zeiten
als Menschen quer durch die Weltgeschichte gejagt wurden
sich registrieren lassen mussten
damit die Geldquellen nicht versiegten

Das waren damals dunkle Zeiten
als es für Schwangere keinen Platz gab
und Menschen vor Verfolgern flohen
nur weil sie so etwas Unerhörtes getan hatten
wie ein Kind auf die Welt zu bringen

Das waren damals dunkle Zeiten
in denen es keine Idylle gab
und die Hoffnung auf einen Neuanfang
Tag für Tag enttäuscht wurde

Das waren damals dunkle Zeiten
als ein Kind wie ein Blitz
in die Nacht fuhr
und ein Licht anzündete
das leuchtet
bis in die dunklen Zeiten
heute

Gottes Stern geht über

Gott lässt uns in Jesus
eine neue Richtung sehn
seine Spuren
die nie mehr verwehn

  Gottes Stern geht über
  uns auf

Gott hüllt uns mit Liebe
wie in einen Mantel ein
in Erbarmen
das zu Herzen geht

  Gottes Stern geht über
  uns auf

Gott will uns begleiten
dass wir andren Sterne sind
andre wärmen
auch in tiefster Nacht

  Gottes Stern geht über
  uns auf

Du bist das Licht

„Wir feiern Weihnachten, auf dass
diese Geburt auch in uns geschieht.
Wenn sie nicht in mir geschieht,
was hilft sie mir dann? Gerade,
dass sie auch in mir geschieht,
darin liegt ja alles."

Meister Eckart

Du bist das Licht
auf allen meinen Wegen
Du bist das Licht
dir ist an mir gelegen
  Du bist das Licht
  das in mir geboren ist

Du bist das Licht
am Rand und in der Mitte
Du bist das Licht
im Tod und an der Krippe
  Du bist das Licht
  das in mir geboren ist

Du bist das Licht
du gibst mir gute Gründe
Du bist das Licht
das ich im Menschen finde
  Du bist das Licht
  das in mir geboren ist

Vor der Krippe

In der Kirche werden Platten verlegt
Stoffbahnen verklebt
Kabel gezogen
ein kleiner Wald aufgebaut
Figuren über Figuren an ihren Platz gerückt
ein Stern aufgehangen
Lichtkegel installiert

Das ganze Jahr lang
hatte das alles im Keller gelegen
eingepackt in Kartons
in die hinterste Ecke verbannt
damit es nicht stört

Jetzt kommt es wieder ans Licht
Für ein paar Tage
erinnert es daran
dass im Zentrum des Lebens
anderes steht als das Geld
die kleinen und großen Sorgen
die Gesundheit und das Wetter

Jetzt wird in der Kirche
für ein paar Tage
gezeigt
dass diese Welt
eine menschliche Mitte haben könnte

Aber nur für ein paar Tage
wo kämen wir denn hin
wenn uns das jeden Tag gezeigt würde

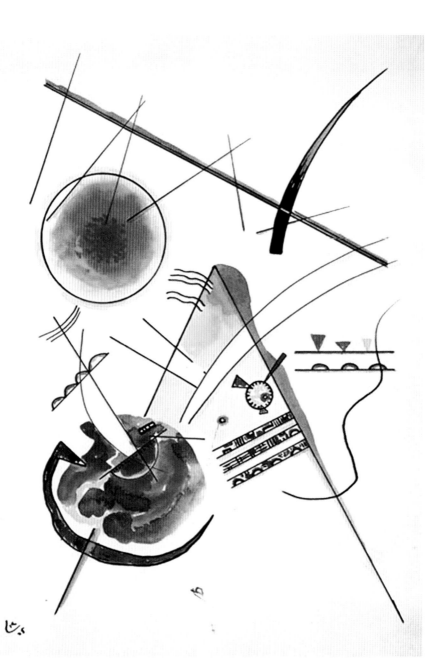

Du Höhlenmensch

In einer der Geburtsgeschichten
kommt Gott in einer Höhle
zur Welt

Eine Höhle
ist der erste feste Wohnort der Menschen
In der Höhle
kommt die Evolution
so richtig in die Gänge
Die Evolution des Menschen

Im Höhlenmenschen Jesus
beginnt Gott
die Evolution
noch einmal
neu
voller Hoffnung
auf die Entwicklung
des Menschlichen

Zeitlich befristet

Kein fester Wohnsitz

Nur ein befristeter Vertrag
mit dem Leben

Die Geburt
als Zeitansage
ins Ungewisse

Immer auf der Kippe
von Abschiebung bedroht

Aber unterwegs

Keine stille heilige Nacht

Auch in dieser Nacht
bleiben Menschen wach
weil Hass und Gewalt
nicht einfach schweigen

Auch in dieser Nacht
winkt keine himmlische Ruh
Statt rettender Stunde
nur Heiliger Krieg

Auch in dieser Nacht
fällt das Halleluja aus
da Menschen ertrinken
und keine Hütte für Ihre Flucht finden

Auch in dieser Nacht
brauchen wir
einen Anfangsverdacht
einen Hoffnungsschimmer
der uns kund macht
Auch in dieser Nacht
wächst eine stille
heilige
Nacht

Die Überlebenskunst Gottes

Gott steht
bei den Menschen
mit einem Bein
immer schon im Grab
Steht am Rand
zu seinem Ende

In jedem Kind
kommt er neu zur Welt
aber er muss großgezogen
aufgepäppelt werden

Seit dieser Nacht
besteht die Überlebenskunst Gottes darin
Menschen zu finden
die ihn das Licht der Welt
erblicken lassen

Wünsche

Verzichte auf deine Wünsche
und du wirst erlangen
was dein Herz begehrt.

Johannes vom Kreuz

Gott erscheint
vielleicht gerade da
besonders weit weg zu sein
wo er
herbeigeredet
herbeigewünscht wird

Glaube lässt sich
nicht erzwingen

Wie die Liebe

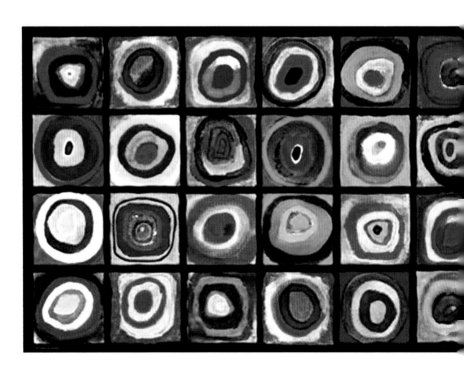

Wer liebt
muss offen sein für die andere
den anderen
das andere

Und wird
manchmal unverhofft
manchmal überraschend
beschenkt

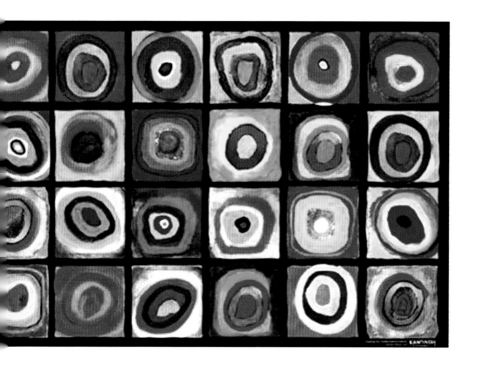

Gott gleich

nach Phil 1,6-11

Er kam zu uns
auf diese Welt
er kam von Gott
der zu uns hält
er gleicht uns bis aufs Haar

Er lebt bei uns
hat ein Gesicht
lebt als ein Mensch
seht ihr ihn nicht
er trägt doch unsre Namen

Er trägt sein Los
er lebt es aus
in Glück und Tod
ist er zuhaus
im Menschen zeigt sich Gott

Du steh uns bei
dass Hoffnung ist
zeig uns das Glück
oh Jesus Christ
Gott kommt uns in dir nah

Vielleicht

Ist mein Vielleicht
vielleicht
ein Ort
an dem
Gott
zu Hause ist

Ist meine Suche
nach einem Stern
vielleicht der Weg
wie Gott
mir auf der Spur bleibt

Ist vielleicht
die Frage
wer wir sind
die Antwort
wie Gott
bei uns ist

In jeder Nacht

Ganz unscheinbar kommt Gott zur Welt
zur Nacht im Stall auf freiem Feld
bei Menschen die nach Sternen schaun
die einem Engel blind vertraun
Gott fängt ganz unten an

In jedem Mensch ist Betlehem
lebt überall wo wir verstehn
dass Gott am Rand der Welt beginnt
Ein Anfang der kein Ende nimmt
Gott fängt im Menschen an

In dieser Nacht spricht es sich rund
das Glück hat einen guten Grund
Sein Licht trägt durch die Finsternis
In jedem Kind wird es gewiss
Gott fängt von vorne an

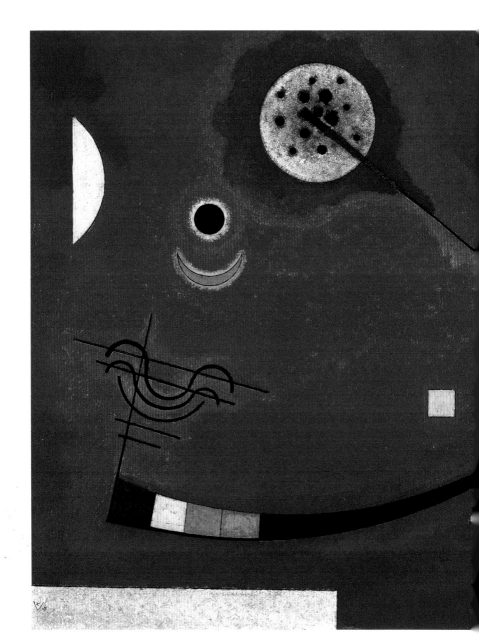

Als Fixstern

Gott sei vor dir
dass du
auf dem besten Wege bist

Gott sei hinter dir
um dich
zu bewahren in der Not

Gott sei über dir
um dich zu segnen

Gott sei mit dir
dass du
eine Hand hast die dich hält

Gott sei neben dir
um dich
zu umarmen wenn du weinst

und Gott sei über dir
um dich zu segnen

Gott sei bei dir
um dich
zu bestärken jeden Tag

Gott sei unter dir
um dich
aufzufangen wenn du fällst

und Gott sei über dir
um dich zu segnen

Wassily Kandinsky (1866-1944)

hinterließ eine sehr ereignisreiche Biographie, die hier nur skizziert werden kann. Er wird als einer der Erfinder der „abstrakten Kunst" angesehen. Er wurde in Moskau geboren und lebte nach dem Studium der Jura und der Ökonomie ab 1896 in München. Dort begann er das Kunststudium, das sein weiteres Leben prägen sollte. Er war gemeinsam mit Franz Marc 1911 Begründer der Künstlervereinigung „Der blaue Reiter", die Ausstellungen aktueller Kunst organisierte und aus der Stilrichtungen der Kunst des 20. Jahrhunderts hervorgingen. Der „blaue Reiter" starb 1914 mit dem Kriegsbeginn, Kandinsky zog wieder einige Jahre nach Moskau. Ab 1922 lehrte er am Bauhaus in Weimar und später in Dessau. Sein künstlerisches Engagement in Deutschland wurde nach 1933 durch die Machtergreifung des NS beendet, sein Werk wurde der „entarteten Kunst" zugerechnet. Er verlegte den Wohnsitz nach Frankreich.

Mit seiner Kunst suchte Kandinsky dem materialistischen Kampf um Macht und Besitz das Geistige entgegenzusetzen und orientierte sich dabei an der Vorstellung eines „inneren Klanges" und an den übergeordneten Kräften des Kosmos. Zitat: „Die abstrakte Kunst stellt neben die reale Welt eine neue, die äußerlich nichts mit der Realität zu tun hat. Innerlich unterliegt sie den allgemeinen Gesetzen der kosmischen Welt."

Thomas Laubach

ist der Geburts- und Künstlername von Thomas Weißer. Er wurde 1964 in Köln geboren, studierte Theologie und Germanistik in Bonn und Tübingen, promovierte und habilitierte sich im Fach Theologische Ethik. Von 1992 bis 2006 war er Assistent an der Uni Tübingen, von 2006 bis 2012 Senderbeauftragter der Katholischen Kirche beim Südwestrundfunk Mainz (SWR) (www.kirche-im-swr.de). Seit 2012 ist er Professor für Theologische Ethik an der Otto-Friedrich-Universität Bamberg (www.uni-bamberg.de/theoethik)

Bekannt ist Thomas Laubach auch als Texter für christliche Popsongs wie etwa „Da berühren sich Himmel und Erde", „Du bist das Brot, das den Hunger stillt", „Alles ist möglich dem, der liebt" oder „Gott sei über dir". Laubach war mehr als 20 Jahre lang Mitglied der bundesweit bekannten Band RUHAMA (www.ruhama.de).